AF321467

DÉPARTEMENT DE PARIS.

INSTRUCTION

Arrêtée par les Administrateurs & Procureur-Général-Syndic du Directoire du Département de Paris.

Le 22 Janvier 1792, l'an 4ᵉ de la Liberté.

CITOYENS,

LE sur-hauffement fubit & confidérable du prix du fucre, a excité de la fermentation dans quelques efprits. Des mouvemens tumultueux ont allarmé plufieurs négocians fur leur propriété. Quelques voix fe font élevées pour demander qu'on taxât les fucres renfermés dans plufieurs magafins & qu'on en fît la vente forcée. L'intérêt public & la juftice s'oppofent à toute entreprife de cette nature, le premier devoir des Adminiftrateurs eft de répandre cette vérité.

Si dans la ville la plus policée de l'univers, au milieu d'un peuple qui, dans les plus grandes agitations de la révolution & au milieu des plus grandes richesses, a le mieux constaté son respect pour la propriété, il existoit une poignée de malfaiteurs disposés au pillage, ce seroit à la Loi seule à agir sur eux. Le langage de la raison ne pourroit pas ce que l'ascendant de l'exemple n'auroit pu. Ce ne seroit pas pour eux que nous parlerions maintenant. Mais aucun pillage n'a eu lieu.——TAXEZ ET VENDEZ, tels sont les cris que les rassemblemens ont fait entendre à l'autorité Municipale & à la force armée, aux négocians même ; & ces cris qui sont ceux de l'erreur, & non du pillage, n'ont été accompagnés d'aucun fait qu'on pût appeller de ce nom.

Nous pouvons donc espérer de prévenir tout désordre, en éclairant des esprits qui ne sont que trompés. Nous y parviendrons sans peine, non-seulement parce que l'intérêt des consommateurs & sur-tout des pauvres est d'écarter toute idée de taxe & de vente forcée, mais encore parce que la taxe & la vente forcée sont condamnées par les mêmes principes qui font regarder le pillage avec horreur ; parce qu'enfin, taxer & faire vendre le sucre d'un marchand, est une faculté que la Loi n'accorde ni à des rassemblemens de citoyens, ni à l'autorité Municipale, ni à l'autorité Administrative, ni à aucune autre.

Il a toujours existé, sans doute, des hommes avides, qui, par l'appât d'un gain immodéré, employent leurs capitaux & leur crédit à opérer, dans le commerce, la rareté de certaines marchandises, pour en surhausser le prix à leur gré.

Mais il est aussi des causes physiques, & ce sont les plus

3

ordinaires & les plus puissantes, qui influent, plus ou moins, sur l'abondance & le prix de toute espèce de marchandises, & quand il en existe notoirement de semblables pour la rareté d'une marchandise particulière, il n'est pas raisonnable de n'attribuer les sur-haussemens du prix qu'à des spéculations privées.

Or, c'est un malheur trop avéré, & trop connu que la principale de nos Colonies à sucre a été incendiée, ravagée récemment. Plusieurs années s'écouleront avant qu'on ait pu réparer ce désastre : voilà donc une cause physique de rareté & de renchérissement du sucre. Si les vignes de France étoient arrachées cette année, les vins renchériroient inévitablement & pour long-temps. Les mêmes causes doivent produire les mêmes effets.

Mais, va-t-on demander, le sur-haussement du prix des sucres n'excède-t-il pas le taux où les malheurs de la Colonie doivent naturellement le porter ?

C'est ce qu'on ne peut déterminer encore ; mais ce qu'il y a de certain, c'est que dans les Ports par où le sucre entre en France, à Nantes, à Bordeaux, le sucre est plus cher maintenant qu'il n'est à Paris. Ainsi, si des manœuvres mercantiles se sont combinées avec les causes naturelles pour élever les prix outre mesure, ce n'est pas à Paris qu'elles agissent le plus fortement & en premier ordre.

Mais, dira-t-on encore, les sucres qui sont maintenant en France, à Paris, ont été achetés avant la dévastation des Colonies, donc leur prix ne devroit pas augmenter.

On peut répondre que pour toute espèce de marchandise, la rareté commence du moment où il est certain &

reconnu qu'elle doit avoir lieu à la fuite ; & la raifon en eft fimple ; c'eft que chacun s'empreffe à faire fa provifion ; c'eft qu'on achète auffi-tôt & en une fois ce qu'on n'eût acheté que fucceffivement & à mefure de la confommation dans d'autres circonftances. Quand il arrive au printemps que les principaux vignobles de France gèlent, encore bien que les vins exiftans en France reftent en même quantité, cependant le vin devient rare en proportion des gens qui en demandent, & il renchérit en proportion. Ce qui ne fait jamais de difficulté pour le vin, ne doit pas en faire davantage pour le fucre.

Et comment la denrée ne renchériroit - elle pas par la certitude que la récolte à venir fera mauvaife ou nulle ? La denrée ne baiffe-t-elle pas toujours quand il eft très-probable que la récolte prochaine fera abondante ?

Cela fait juftice & avantage à tout le monde.

Le propriétaire de vignes ou de fucreries retrouve ainfi une indemnité des pertes de l'année courante.

Le marchand retrouve l'indemnité d'une branche de négoce qui va diminuer pour lui.

Le confommateur même y gagne, ou plutôt y perd moins ; car averti de la rareté à venir par la cherté actuelle, il ÉPARGNE ; & par une fuite de fon épargne, le haut prix dure moins long-temps, & s'élève moins que fi la confommation eût continué dans la même proportion qu'auparavant.

C'eft le pauvre fur-tout qui eft intéreffé à ce qu'il y ait un motif général d'épargner fur une marchandife devenue rare : car le riche qui en eft le plus grand confommateur, pourroit abforber lui feul tout ce qui en refte, & réduire bientôt les autres à la privation abſolue. Et ſi l'on taxoit la marchandiſe au-deſſous de ſon prix naturel, le riche ſeul en profiteroit; il feroit auſſi-tôt ſa proviſion pour tout le temps que devroit durer la rareté; par-là il épuiſeroit le commerce, & à l'inſtant la diſette feroit par-tout, hormis chez lui où il auroit une proviſion faite à bas prix & ſur la conſommation de laquelle il n'auroit aucun motif de retrancher.

Si donc il n'eſt que trop certain que nous devons ſubir un renchériſſement conſidérable du ſucre par le déſaſtre des Colonies, il eſt néceſſaire de nous réſigner à ce malheur plus tôt que plus tard, afin que ce renchériſſement ne ſoit ni plus durable, ni plus conſidérable qu'il ne doit l'être.

Mais admettons la ſuppoſition que la cupidité profite des événemens pour ſur-hauſſer les prix bien au-delà de la meſure où les événemens des Colonies doivent les porter; en ce cas eſt-il poſſible, eſt-il utile de taxer?

Nous ne le croyons pas poſſible, parce que toute taxe, pour être légitime, ne peut être qu'une déclaration officielle du prix courant du marché, c'eſt-à-dire du commerce libre. Or il n'y a pas encore de prix courant établi dans le royaume pour le ſucre. C'eſt une production d'un pays lointain, dont on ne peut pas encore connoître avec préciſion la ſituation actuelle, non plus que les reſſources pour une prochaine reſtauration de la culture du ſucre. On ne ſait pas encore à quel point nos autres Colonies, non plus que les états voiſins, peuvent nous aider; juſqu'à préſent les prix n'ont donc pas de baſe certaine, ils ne peuvent donc être *déclarés* ou *taxés*.

Nous ne croyons pas poſſible non plus de taxer ſans riſquer de faire les plus effrayantes injuſtices ; prenez garde que le prix du ſucre ne s'eſt élevé au point où il eſt qu'en paſſant de main en main, qu'en paſſant d'un négociant à un autre. Il n'eſt pas deux marchands ſur cent, qui profitent de toute la différence qui exiſte entre le prix actuel & le prix ancien : cette différence a été partagée entre les négocians qui, depuis deux mois, ſe ſont ſucceſſivement vendu la marchandiſe ; ainſi en taxant, vous frappez ſur un ſeul & vous l'obligez à payer pour tous ! Cela ſeroit-il juſte ? Mais ce n'eſt pas tout. Celui qui vend aujourd'hui ſon ſucre à 40 ou 50 ſols la livre, peut l'avoir acheté hier à 38 ou 48 ſols, tandis que ſon voiſin qui vend à meilleur prix, mais qui aura fait ſon approviſionnement depuis trois mois, ne l'aura payé que 25 ſols ; ainſi il peut arriver que celui qui vend au plus bas prix, gagne le plus ; que celui qui vend le plus cher, gagne le moins. Si l'on taxe au-deſſous du prix du premier, il eſt évident qu'on vole, qu'on ruine un marchand eſtimable, qui ſe contentoit du gain le plus modique, & qu'on n'empêche pas le ſpéculateur avide de s'enrichir.

Et conſidérez encore qu'en ruinant, ſans le vouloir, un marchand honnête, vous ruinez d'autres marchands honnêtes auſſi, à qui il doit, à qui il faut payer le ſucre taxé au-deſſous du prix coûtant, & qui le doivent eux-mêmes à d'autres non moins irréprochables.

Citoyens, dès qu'il n'y a aucun ſigne auquel on puiſſe diſtinguer le marchand avide, du marchand qui ſe contente d'un gain légitime, le reſpect dû à la propriété & à la probité doivent éloigner toute idée qui pourroit conduire à les attaquer.

Releverons-nous l'étrange méprise de quelques gens qui regardent comme une preuve d'*accaparement* des magasins étendus & des approvisionnemens considérables? Ne faut-il pas des marchands en gros pour fournir les marchands en détail? Nuire aux premiers, ne seroit-ce pas anéantir les seconds?

Et prenez garde à cette méprise! elle tend à priver Paris d'une source féconde de prospérité qui commence à s'y ouvrir; nous voulons parler du négoce d'entrepôt. Ce négoce fait l'unique richesse d'une Nation entière, la Hollande; il doit doubler un jour la richesse de Paris. Cette ville gémissait depuis long-temps de n'avoir dans son sein aucun grand magasin d'entrepôt, ou pour sa consommation; les droits d'entrées qui se percevoient à ses barrières, ne lui permettoient aucun négoce d'économie, & l'intérêt de frauder ces droits, ou d'en retarder du moins l'onéreuse avance jusqu'au moment du débit, avoient fait établir à Charenton, à Bercy, à Saint-Denis, en un mot, tout autour de Paris, des magasins où l'on tenoit en depôt la consommation de ses habitans; ces entrepôts faisoient la richesse de tous les lieux où ils existoient, ils y faisoient vivre un grand nombre d'habitans; aujourd'hui qu'ils sont établis dans Paris même, aujourd'hui que Paris jouit d'un nouveau moyen de richesse, s'alarmera-t-on des signes mêmes qui l'annoncent? parce qu'un magasin est vaste, décidera-t-on que le propriétaire est un mauvais citoyen? Eh! s'il en étoit ainsi, il faudroit raser nos villes maritimes, & les Hollandois devroient abîmer les leurs.

La taxe des marchandifes non-feulement entraineroit des injuftices, mais même elle produiroit infailliblement un effet tout contraire à celui qu'on en attend. En effet, fi l'on alarme les Négocians les plus honnêtes, bientôt leur nombre diminuera, bientôt nous ferons livrés au monopole de quelques gens qui n'auront rien à perdre; l'abondance nous fuira fans retour, & le fur-hauffement des marchandifes fera porté à l'excès. Si l'autorité publique fe permettoit de taxer, elle ne pourroit taxer que la marchandife qui eft là; mais fi elle la taxoit au-deffous de fa valeur, ou feulement d'une façon arbitraire, il arriveroit de deux chofes l'une, ou que le marchand ne reviendroit plus, & que la marchandife manqueroit, ou bien qu'il cacheroit fa marchandife, & ne la vendroit que furtivement au prix qu'il voudroit en avoir.

Citoyens, le moyen de taxer & de faire vendre les marchandifes ne peut donc être que funefte & injufte.

L'Affemblée Nationale qui s'occupe du fur-hauffement des fucres, trouvera peut-être des moyens d'en prévenir les progrès. Il eft en fon pouvoir de fufpendre les droits de douane qui s'oppofent peut-être à l'importation des fucres étrangers, & par ce moyen, d'en augmenter la quantité en France.

Mais en attendant, apprenez que fi le renchériffement de cette marchandife étoit l'effet de quelques manœuvres, la peine des coupables naîtroit de leurs manœuvres mêmes, & en feroit bientôt juftice. Il n'arrive jamais que des fpéculateurs travaillent à produire une apparence de difette, qu'auffitôt des hommes avifés, d'autres prefsés de vendre, ne s'empreſſent à profiter du vide du marché, pour y mettre leurs marchandiſes en vente, & cela doit être ; car, dans le commerce des choſes qui ne ſont pas de première néceſſité, le vendeur dépend bien plus de l'acheteur que l'acheteur ne dépend du vendeur.

Qu'arrive-t-il alors ? Les conſommateurs les plus preſſés ſe pourvoient ; la demande ceſſe, ou du moins diminue ; auſſi-tôt les ſpéculateurs ſe hâtent de mettre en vente leurs mar-chandiſes, dont ils craignent l'aviliſſement ; par leur con-currence, ils ſe forcent mutuellement à vendre au plus bas prix, & ils ſe trouvent ainſi déçus dans leurs eſpérances, & quelquefois même abîmés dans leurs entrepriſes.

Citoyens, les obſervations précédentes ſe réduiſent à ce peu de mots :

Quand des cauſes malheureuſes & phyſiques produiſent le renchériſſement d'une marchandiſe, plutôt on ſe réſigne à le ſubir ; moins il dure, moins il s'élève.

Quand les renchériſſemens ſont produits par des ma-nœuvres malfaiſantes, craignez de frapper des marchands honnêtes, votre ſeule reſſource, & de perdre leur utile concurrence en voulant atteindre l'homme avide qu'aucun ſigne ne diſtingue ; craignez de ſervir la cupidité elle-même, en faiſant fuir le ſpéculateur chez l'étranger, d'où il vous bravera, ou en le réduiſant à ſe cacher au milieu de vous & à vous faire payer, outre le prix du monopole, celui de la peine qu'il met à ſe cacher.

Au lieu de menacer les ſpéculateurs cupides, laiſſez-les ſe rapprocher, livrez-les les uns aux autres, mettez-les tous aux priſes les uns avec les autres. Soyez sûrs que bientôt ils éprouveront le befoin de vendre, que bientôt ils vont fe trahir, fe déjouer & fe difputer les acheteurs, comme ils fe difputoient naguères la marchandife ; & qu'ils fe réduiront ainfi à la néceffité de vendre au plus jufte prix, peut-être même avec une perte méritée.

Voilà donc une juftice qui ne peut manquer aux Citoyens ; & il ne feroit pas néceffaire fans doute qu'ils en fuffent affurés, pour qu'ils ne fe permiffent acuun excès, aucun moyen de force pour taxer eux - mêmes ce que la Loi ne permet à aucune autorité de taxer. Il n'eft pas befoin de le dire, taxer & faire vendre par la violence, feroit un coupable attentat fur la liberté & la propriété ; exercer des violences fur ceux de nos frères qui exercent le négoce, ce feroit en menacer les artifans, tous les Citoyens qui ont quelqu'induftrie & une boutique ; ce feroit commencer réellement la guerre civile que les ennemis de la Conftitution fe flattent d'allumer entre nous ; ce feroit armer les uns contre les autres, les Patriotes eux-mêmes que tant & de fi grands intérêts portent à s'unir étroitement.

Fait en Directoire le 22 Janvier 1792.

Signé LAROCHEFOUCAULD, *Préfident.*

BLONDEL, *Secrétaire.*

De l'Imprimerie de BALLARD, Imprimeur du Département de Paris, rue des Mathurins.

www.ingramcontent.com/pod-product-compliance
Lightning Source LLC
LaVergne TN
LVHW050230060726
842525LV00007B/2612